ACTES

DE

DÉVOUEMENT & D'HUMANITÉ

ACCOMPLIS

PAR M. AUGUSTE NADAL

NÉGOCIANT

Maire de Villac & Aiguillanes

Conseiller de la Chambre consultative des Arts et Manufactures

du département de l'Ariége

HONORÉ D'UNE MÉDAILLE D'ARGENT DE 2ᵉ CLASSE

L'amour du bien public est intéressé
à la manifestation des bonnes œuvres.

FOIX

TYPOGRAPHIE ET LITHOGRAPHIE POMIÈS AINÉ & NEVEU

—

M DCCC LXIX

CERTIFICATS

1ᵉʳ CERTIFICAT

MAINTIEN DE L'ORDRE. — CHOLÉRA

Je soussigné, maire de la commune du Peyrat, déclare que le sieur Auguste NADAL, négociant, mon adjoint, a été un de ceux qui se sont le plus dévoués pour le maintien de l'ordre pendant les affaires de mil huit cent quarante-huit. Puis est survenu le choléra où il s'est distingué par les soins qu'il a portés à tous nos malades. Après avoir recherché dans toute la commune des fossoyeurs pour creuser une fosse à un pauvre misérable, et n'ayant trouvé personne, il a pris une pioche et une pelle et s'est rendu lui-même au cimetière.

Peyrat, le 26 mai 1857.

Le Maire, Signé : COSTE.

Vu pour la légalisation de la signature de M. Coste, maire du Peyrat.

Foix, le 29 mai 1857.

Le Préfet, Signé : CASTAING.

2ᵉ CERTIFICAT

INCENDIE DE LA VILLE D'AX

Je soussigné, Font Douby, agent de la Compagnie d'assurance *La Générale*, certifie que M. NADAL, Auguste, négociant, demeurant à Campredon, près Bélesta, Ariége, a été un de ceux qui ont montré le plus de dévoûment pour éteindre l'incendie du 30 août 1861, à Ax.

Ax, le 1ᵉʳ septembre 1861.

L'Agent particulier de la Cⁱᵉ des Assurances Générales,

Signé : A. FONT.

Vu pour la légalisation de la signature de M. Font, agent particulier de la Compagnie des *Assurances Générales* et aussi pour la confirmation du fait ci-dessus exposé.

Ax, le 6 septembre 1861,

Le Maire, Signé : RIVIÈRE-TARDIEU.

Vu pour la légalisation de la signature de M. Rivière-Tardieu, apposée ci-dessus.

Foix, le 20 mai 1861.

P. le Préfet de l'Ariége :

Le Conseiller de Préfecture, Secrétaire général,

Signé : BÉRANGER.

3ᵉ CERTIFICAT

ÉPIDÉMIE CHOLÉRIQUE DE 1854

(Par duplicata d'un certificat qui a été égaré).

Je soussigné, Jacques Courrent, Chevalier de la Légion d'Honneur, membre du Conseil général et maire de la commune de Bélesta, certifie que M. Auguste Nadal, négociant à Campredon, commune de Villac-Aiguillanes, fut un de ceux qui se dévouèrent le plus pendant que la mauvaise épidémie du choléra sévissait dans nos contrées ; je certifie qu'au moment où elle faisait beaucoup de ravages, après s'être sacrifié dans la commune du Peyrat comme adjoint au maire, il se rendit chez moi comme ami de la maison. Se trouvant avec deux médecins que M. le Préfet avait envoyés pour soigner nos malades, le sieur Nadal ne cessa nuit et jour, pendant un espace d'un mois, d'accompagner ces Messieurs, tout en se rendant utile pour les soins qu'il fallait apporter à tous nos malades.

Nous Edouard Portes, pharmacien et adjoint à la mairie de Bélesta, remplissant les fonctions de maire, certifions que le présent certificat est une copie exacte de celui que défunt M. Courrent, maire, délivra à M. Nadal. Nous devons aussi attester que nous avons été nous-même témoin de son dévoûment pendant les ravages de l'épidémie de 1854.

Bélesta, le 15 août 1863,

Signé : Portes.

2

Vu pour la légalisation de la signature de M. Portes, adjoint au maire de Bélesta, en 1863, apposée ci-dessus.

Foix, le 22 décembre 1865.

P. le Préfet de l'Ariége :

Le Secrétaire général,

Signé : Jacquet.

4ᵉ CERTIFICAT

PROTECTION DE LA CLASSE OUVRIÈRE

Certificat délivré par les plus anciens ouvriers des communes du Peyrat, de La Bastide-sur-l'Hers et de Villac-Aiguillanes (Ariége)

Les soussignés déclarent que M. Auguste Nadal, fabricant de peignes, a été de tout temps le protecteur de la classe ouvrière et un second père.

En foi de quoi nous lui délivrons le présent certificat.

La Bastide-sur-l'Hers, le 20 avril 1866.

Signés : P. Bonnéric, E. Bergé, Esquive, Z. Bonnéric, D. Escot, Jourdia, A. Jourdia, Galard, H. Escot, Daynié, J. Rols, etc.

Vu pour la légalisation des signatures ci-dessus et pour la confirmation du fait exposé.

La Bastide-sur-l'Hers, le 20 avril 1866.

P. le maire absent :

L'Adjoint, signé : I. Prat.

Signés : F. Labrousse, Grilhé, A. Grillé, J. Danjou, P. Bonnéric, J. Bonnéric, C. Lévis, J. Gleyze, J. Roudière, G. Authié, Danjou, P. Toureilles, J. Delphes, J. Roudière, J. Richou, J. Pacaran, Carbonneau, Paumarède, L. Toureilles, Laffont, B. Tisseyre, Garros, etc.

Vu pour la légalisation de la signature des ouvriers de la commune de Villac-Aiguillanes, apposées ci-dessus, et pour la confirmation du fait exposé.

Villac-Aiguillanes, le 22 avril 1866.

P. le Maire empêché :

L'Adjoint, Signé : M. Roussioux.

5ᵉ CERTIFICAT

ÉLECTIONS

Je soussigné Malecamp, Lazare, propriétaire et ancien maire de la commune de Villac-Aiguillanes, certifie que M. Nadal, Auguste, maire actuel de cette commune, a été toujours homme de bien, et qu'en particulier il a été celui qui m'a le plus secondé pendant toutes les élections qui ont eu lieu durant mon administration.

La Couronne (Villac-Aiguillanes), le 22 avril 1866,

Signé : Malecamp.

Vu pour la légalisation de la signature de M. Malecamp, Lazare.

Villac-Aiguillanes, le 22 avril 1866,

P. le maire empêché :

L'Adjoint, Signé : M. Roussioux.

6ᵉ CERTIFICAT

SOINS. — HOSPITALITÉ

Je soussigné, Arnaud Jean, négociant à Chambéry (Savoie), certifie qu'à mon arrivée en foire de Beaucaire j'ai été très-malade, et que par suite des bons soins de tous les instants que m'a prodigué M. Auguste Nadal, négociant, je me trouve en convalescence. Je déclare en outre que M. Nadal, non-seulement m'a donné ses soins le jour, mais aussi qu'il a sacrifié son repos de nuit, et partant, j'ai pu me convaincre que c'est un homme animé d'un dévouement sans exemple ; je certifie aussi que, sur ses instances, j'ai accepté sans hésiter l'hospitalité de sa chambre afin d'être encore mieux soigné ; à cet effet je lui dois une reconnaissance éternelle.

En foi de quoi je lui délivre le présent certificat.

Beaucaire, le 27 juillet 1866.

Signé : J. Arnaud.

Je déclare avoir livré des médicaments et donné des soins au sieur Jean Arnaud, malade en foire de Beaucaire ; dans cette circonstance je n'ai eu qu'à me louer du zèle et du dévouement du sieur Auguste Nadal qui n'a rien négligé, a livré sa chambre, a passé une partie de la nuit pour lui donner les médicaments aux heures prescrites.

Beaucaire, le 27 juillet 1866.

Signé : Démery, pharmacien.

Vu pour la légalisation de la signature Démery, pharmacien, apposée ci-dessus.

Beaucaire, le 27 juillet 1866,

Le Maire, Signé : J. Crouzet.

~~~~~~~~

7ᶜ CERTIFICAT

DÉVOUEMENT

Je soussigné, Amédée Depouzier, maître d'hôtel rue Vacon, à Marseille, certifie que M. Auguste Nadal, négociant, demeurant à Campredon, département de l'Ariége, s'est trouvé pendant deux circonstances différentes logé dans mon hôtel où j'ai eu trois voyageurs malades, dont deux atteints de la mauvaise épidémie du choléra, et le troisième, capitaine au long cours, atteint de la fièvre jaune.

M. Nadal a demandé à être introduit dans les chambres de ces Messieurs, leur a prodigué tous ses soins et ne les a quittés qu'après leur entière convalescence.

En foi de quoi je lui ai délivré le présent certificat pour lui servir et valoir en cas de besoin.

J'approuve l'écriture ci-dessus.

Marseille, le 5 août 1866.

Signé : Depouzier
~~~~~~~~

Vu pour la légalisation de la signature du sieur Deponzier apposée ci-dessus.

Marseille, le 6 août 1866.

Le Commissaire de Police,

Signé : Crannur.

8ᵉ CERTIFICAT

SECOURS PORTÉS A HUIT SOLDATS

Nous soussignés, Paul Vidal et Jean Catalin, maîtres d'hôtel, rue Vacon, à Marseille, certifions que M. Auguste Nadal, négociant à Campredon, département de l'Ariége, se trouvant de passage dans notre ville, a fait plusieurs actes de dévouement et d'humanité. Un jour passant devant les Messageries impériales sur la Canebière, lors de la rentrée des troupes d'Italie, sept militaires étaient là assis et allongés sur le trottoir attendant un de leurs camarades qui était allé chez M. l'intendant pour toucher quelques fonds. Celui-ci étant revenu en disant que le bureau était fermé, ces militaires se trouvaient absolument sans ressources. M. Nadal se fit accompagner par ces huit hommes dans une auberge, leur fit servir à manger et paya.

En foi de quoi nous lui délivrons le présent certificat pour lui servir et valoir en cas de besoin.

Nous approuvons le contenu ci-dessus.

Signés : P. VIDAL, J. CATALIN.

Vu pour la légalisation des signatures Vidal et Catalin apposées ci-dessus.

Marseille, le 6 août 1866.

Le Commissaire de Police,

Signé : CRANNUR.

~~~~~~~~~

9e CERTIFICAT

DÉVOUEMENT A L'HUMANITÉ

Je soussigné Ané, maire de la commune d'Aulus, canton de Saint-Girons (Ariége), certifie que M. Auguste NADAL, négociant et maire de la commune de Villac et Aiguillanes, a fait plusieurs actes de dévouement et d'humanité pendant son court séjour à Aulus, où il se trouvait comme baigneur :

1º Un jeune homme âgé de 15 à 16 ans fut frappé d'un coup de pied de mulet sur le côté droit qui le renversa par terre, privé de sentiment. Grâce aux soins empressés que lui prodigua M. NADAL, en
~~~~~~~~~

le frictionnant avec du vinaigre et de l'eau-de-vie camphrée, il fut bientôt rendu à la vie.

2° Le sieur Nadal, ayant vu par lui-même que ce garçon appartenait à une famille très-pauvre, crut devoir faire une quête qui lui donna un total d'environ 50 fr.

3° Le lendemain M. Nadal organisa un loterie au bénéfice des pauvres; il se donna lui-même la peine du placement des billets et réalisa ainsi une somme de 54 fr. 50 c. qui me fut immédiatement remise pour être distribuée à d'autres pauvres qui se trouvaient dans une grande nécessité.

En présence d'un pareil dévouement, j'ai cru de mon devoir d'offrir le présent certificat à mon honorable collègue, pour lui servir et valoir.

Aulus, le 5 septembre 1866.

Le Maire, Signé : Ané.

10e CERTIFICAT

CERTIFICAT DE M. ADOUE

Percepteur à Puivert (Aude), ayant contribué à lui faire retrouver une somme perdue.

Je soussigné, Paul Adoue, percepteur à Puivert, certifie que M. Auguste Nadal, négociant à Campredon, commune de Villac-Aiguillanes, a été par son dévouement et son intelligence la cause que j'ai retrouvé un portefeuille contenant une somme de quatre mille cinquante-cinq francs, composée de billets de banque et or.

En foi de quoi je lui ai délivré le présent certificat.

Puivert, le 1er mai 1866.

Signé : ADOUE.

Vu pour la légalisation de la signature du sieur Adoue, et pour la confirmation du fait ci-dessus relaté.

Mairie de Puivert, 1er mai 1866.

Le Maire, Signé : E. ASTRUC.

11e CERTIFICAT

ARRESTATION. — DÉVOUEMENT A LA SOCIÉTÉ

Nous chef d'escadron commandant la gendarmerie de l'Ariége, certifions que M. Auguste NADAL, négociant et maire de la commune de Villac, canton de Lavelanet (Ariége) a, par une réquisition faite à la gendarmerie à Lavelanet, livré un homme arrêté par lui dans les forêts de M. le comte de Mirepoix, où il se cachait et à qui il avait été signalé comme malfaiteur. Sur une interrogation de M. NADAL, il s'est dit déserteur de la 6ᵉ batterie du 16ᵉ régiment d'artillerie montée, en garnison à Toulouse (Haute-Garonne).

Signé : Dᴇʀᴠɪʟʟᴇᴢ.

12ᵉ CERTIFICAT

Je soussigné, E. Murat brigadier au 2ᵉ chasseur à pied, sortant de l'hôpital de Rome, et me rendant à l'hôpital militaire de Baréges avec un de mes camarades pour prendre les bains, ayant été gravement blessé aux affaires d'Italie, déclare avoir rencontré à Marseille M. Auguste Nᴀᴅᴀʟ, négociant à Campredon, lequel, nous trouvant, au moment de monter en wagon, très-embarrassés pour monter en voiture à cause de nos blessures, a eu la complaisance d'aller trouver le chef de gare, de nous faire obtenir un wagon particulier afin de n'être pas trop gênés par notre mal, et qu'il a fait la même démarche à Tarascon au changement de voiture; de plus il a donné à mon camarade une petite somme afin de prendre un supplément de place de secondes pour passer la nuit.

Nous nous sommes séparés de lui avec de grands regrets.

Tarascon, le 18 août 1868.

Signé : E. Mᴜʀᴀᴛ.

Pour copie conforme :

L'Adjoint au Maire de Villac,

Bᴏᴜssɪᴏᴜx.

13ᵉ CERTIFICAT

Je soussigné, commissaire de police du canton de Mirepoix, arrondissement de Pamiers (Ariége), certifions sur l'attestation des nommés Grille, de La Bastide-sur-l'Hers, Mirc, de Mirepoix et Richou, propriétaire à Aiguillanes canton de Lavelanet, que M. NADAL, maire de la commune d'Aiguillanes, qui se trouvait le jour de la foire Saint-Maurice à Mirepoix dans la rue des pénitents blancs au moment ou un bœuf furieux parcourait ladite rue et faisait fuir devant lui tous les passants effrayés, n'a pas hésité un seul instant à se précipiter au devant dudit bœuf qu'il est parvenu à arrêter.

Sans le courage de Monsieur NADAL, il y aurait eu quelque malheur à déplorer.

En présence d'un acte de courage semblable venant à la suite des nombreux que M. Nadal a déjà accomplis, l'Administration supérieure ne peut que l'honorer de sa bienveillante attention, et lui accorder une récompense digne de ses mérites.

M. NADAL, que je connais particulièrement est d'ailleurs un fonctionnaire très-dévoué au gouvernement et à ses représentants, il est l'ami du peuple ; ces titres doivent le mettre au rang des hommes qui ont droit à la considération publique.

Mirepoix, le 4 octobre 1869.

Pour copie conforme :

Signé : RAIBAUD, commissaire de police.

MM. GRILHÉ, ÉTIENNE RICHOU, MIRC, FILS.

14ᵉ CERTIFICAT

Je soussigné, ancien Président à la Cour impériale de Toulouse, ancien député de l'Ariége et maire de Roquefixade, certifie à qui il appartiendra que M. Auguste NADAL, négociant et maire de Villac-Aiguillanes est un des hommes les plus honorables du canton de Lavelanet, canton qui m'est bien connu puisque j'ai l'honneur de le représenter depuis 35 ans au Conseil général. J'atteste en outre que M. NADAL s'est toujours fait remarquer par son empressement à être utile aux malheureux quand il l'a pu et par la générosité de son caractère. Comme citoyen et comme fonctionnaire il a toujours usé de l'influence que lui donne sa position.

Fait à la mairie de Roquefixade, le 21 septembre 1868.

Pour copie conforme :

Signé : Firmin DARNAUD,

15ᵉ CERTIFICAT

Je soussigné, E. Dumas juge de paix du canton de Lavelanet (Ariége), certifie que vers la fin de mai dernier, M. NADAL, Auguste, négociant et maire de Villac-Aiguillanes (Ariége), a arrêté au péril de sa vie un cheval emporté, attelé à une voiture sans conducteur. Sans le courageux dévouement de ce magistrat on aurait eu à déplorer plusieurs malheurs attendu que les promeneurs étaient en assez grand nombre sur la route.

En présence d'un pareil dévouement j'ai délivré le présent certificat pour servir et valoir à qui de droit.

Pour copie conforme :

Signé : E. DUMAS.

16ᵉ CERTIFICAT

Je soussigné, Pierre-Innocent Darmin, propriétaire à Beaucaire, certifie qu'en 1865 j'eus dans ma maison en temps de foire le nommé M. Simon Thieu, courtier de Marseille qui devint fou, mais de ces fous qui sont très à craindre ; se trouvant armé de pistolets et de poignards et menaçant de tuer le premier qui se permettrait d'entrer dans sa chambre.

M. NADAL, armé de son courage habituel, s'introduisit chez lui, s'empara de ses armes, se rendit maître de sa personne et le remit entre les mains de qui de droit.

En présence d'un pareil dévoûment j'ai délivré au sieur NADAL le présent certificat pour lui servir et valoir au besoin.

Beaucaire, le 25 juillet 1869.

J'approuve l'écriture ci-dessus comme étant l'expression de la vérité.

DARMIN.

Vu par nous maire de Beaucaire, pour légalisation de la signature de M. Darmin apposée d'autre part.

Beaucaire, le 26 juillet 1869.

Le Maire, VERNÉ.

Vu pour légalisation de la signature de M. Verné maire de Beaucaire.

Beaucaire, le 27 juillet 1869.

Le Préfet, JANVIER.

17ᵉ CERTIFICAT

Je soussignée, Rosalie Delpech, certifie qu'en 1867 j'eus un bras cassé par la maladresse d'un employé de bâteau à vapeur venant d'Avignon.

A mon arrivée à Beaucaire le capitaine me renvoya honteusement sans vouloir entendre aucune raison. Par hasard M. Auguste NADAL, négociant, se rencontre là au moment où je débarquais, prit fait et cause pour moi, et après plusieurs démarches, même une assignation au directeur, il me fit obtenir une somme de trois cents francs pour tout arrangement.

En présence d'un pareil dévouement je lui ai délivré le présent certificat pour lui servir et valoir.

Beaucaire, le 23 juillet 1869.

Rosalie DELPECH.

Vu par nous maire de Beaucaire, pour légalisation de la signature de Mme Delpech Rosalie apposée ci-dessus.

Beaucaire, le 26 juillet 1869.

Le Maire, Verné.

Vu pour légalisation de la signature de M. Verné, maire de Beaucaire.

le 27 juillet 1869.

Le Préfet du Gard, Janvier.

18ᵉ CERTIFICAT

Je soussigné, Adrien Pagès, notaire à Beaucaire, qui connais particulièrement M. Nadal, maire, Conseiller de la Chambre consultative des arts et manufactures du département de l'Ariége, depuis environ trente-huit ans, certifie qu'il s'est fait remarquer par une foule de faits qui honorent l'humanité.

En temps de choléra, j'ai eu dans une de mes maisons une artiste accompagnée de son mari; cette pauvre femme fut prise de ce mal et elle succomba malgré tous les soins que M. Nadal lui prodigua.

Son dévoûment se porta jusqu'à venir chez moi me prier de lui donner un drap de lit pour envelopper le corps de la pauvre défunte et fit tout le nécessaire pour son enterrement.

En foi de quoi je lui ai délivré le présent certificat pour lui servir et valoir au besoin.

Beaucaire, le 25 juillet 1869.

Pagès, notaire.

Vu par nous maire de Beaucaire, pour légalisation de la signature de M. Pagés apposée ci-dessus.

Beaucaire, le 26 juillet 1869.

Le Maire, Verné.

Vu pour légalisation de la signature de M. Verné, maire de Beaucaire.

Beaucaire, le 27 juillet 1869.

Le Préfet, Janvier.

<center>~~~~~~~</center>

19ᵉ CERTIFICAT

Les soussignés déclarent avoir été témoins d'un trait de dévoùment fait par M. Auguste Nadal, maire de Villac-Aiguillanes.

Dans le courant du mois d'août, la rivière de l'Ariége se trouvant très-grosse, entraînait un cheval. Deux ou trois cents personnes se trouvaient rassemblées sur le pont de Foix ; toutes disaient : il ne peut se sauver, il est perdu, car il n'a plus de force.

M, Nadal, sortant de l'hôtel Rousse pour se rendre à la Préfecture, vit aussitôt le moyen de pouvoir porter secours au pauvre animal ; il se lança au galop pour aller couper chemin, passant à travers une roche où il courait de grands dangers de tomber à l'eau. Il parvint à sauver ledit cheval en l'attachant avec une corde à un arbre, et on le retira après que la rivière eut baissé.

Approuvons le contenu ci-dessus :

A. Dax, curé de l'Aiguillon.
Delpech fils, négociant.
Lambert, conseiller municipal.
Rousse, maître d'hôtel.

<center>~~~~~~~</center>

CABINET DU PRÉFET DE L'ARIÉGE

Foix , le 7 mai 1866.

Monsieur le Maire ,

Je viens de lire avec un vif intérêt la lettre que vous m'avez adressée le cinq courant, et les certifiicats et notes prouvant votre honorabilité et votre dévouement au Gouvernement et à l'humanité.

Votre demande ne contient rien de précis ; mais je dois supposer que vous établirez, dès à présent, vos prétentions à la récompense qui est le but des efforts de tout honnête homme. C'est à ce point de vue que je l'ai comprise, et dans ce but, j'en ai fait opérer le classement dans mes papiers concernant le personnel des maires.

Soyez assuré que ces notes seront utilement consultées quand vous aurez ajouté à vos services anciens, le mérite de votre dévouement futur à l'Empereur et à vos concitoyens.

Continuez, Monsieur le Maire, de nous accorder votre utile concours à la noble cause du progrès, et veuillez croire qu'en France on sait estimer d'abord et récompenser ensuite une vie consacrée au bien public.

Je vous présente, Monsieur le Maire, l'assurance de ma considération la plus distinguée.

Pour le Préfet de l'Ariége,

Le Secrétaire général,

JACQUET.

20ᵉ CERTIFICAT

Les Maires soussignés, s'empressent d'attester que M. Nadal Auguste, leur collègue et Maire de Villac-Aiguillanes (Ariége), s'est toujours fait remarquer par son dévoûment à l'Empereur et au Gouvernement Impérial, et que dans le cours de sa carrière il s'est signalé par une foule de faits qui honorent l'humanité et sa vie de citoyen et de magistrat; qu'il est digne autant qu'on peut l'être de l'attention bienveillante du Gouvernement et de Sa Majesté l'Empereur, et par suite de l'obtention d'un bureau de tabac, que des malheurs de commerce l'ont porté à solliciter.

Les soussignés verraient avec la plus vive satisfaction que sa demande, déjà formée le vingt-huit août mil huit cent soixante-sept, fut favorablement accueillie.

Délivré la présente attestation le deux mai mil huit cent soixante-neuf.

Signés : Clanet, maire de la ville de Lavelanet (chef-lieu de canton); Rives, maire de la ville de Mirepoix (chef-lieu de canton); Anduze, maire de la ville de Chalabre (chef-lieu de canton); Courrent, maire de Bélesta; Courrent, maire de Fougax-et-Barrineuf; Artigues, maire de Laroque-d'Olmes; Alizet, maire de Léran; Monier, maire de Montferrier; Mortaize, maire de Villeneuve; Manent, maire de Saint-Quentin; Rolland, maire de Rivel; Laffite, maire d'Aigues-Vives; Authier, maire de La Bastide-de-Bousignac.

Le Juge de paix de Lavelanet (Ariége), s'associe au vœu émis par MM. les Maires,

[Signé : Étienne Dumas.

Le Juge de paix de Mirepoix, s'associe au vœu de son collègue le juge de paix de Lavelanet (par une lettre à M. le Préfet).

Signé : Manent.

Le soussigné, député de l'Ariége au Corps législatif, qui connaît personnellement M. Nadal, maire de Villac-Aiguillanes, s'associe entièrement au témoignage qui lui est donné par ses collègues, et par MM. les juges de paix de Mirepoix et de Lavelanet, et dont il est digne à tous égards ; son service, son dévoûment le rendent digne de tout l'intérêt qu'on sollicite pour lui, et la modeste récompense qu'il demande serait accueillie avec une vive sympathie.

Signé : Denat.

Pour copie conforme :

L'Adjoint au Maire de Villac,

Boussioux.

Vu pour légalisation de la signature de M. Boussioux, apposée ci-contre.

Foix, le 29 juin 1869.

Le Préfet de l'Ariége,

Pour le Préfet :

Le Conseiller de Préfecture,

H. de la Blotterie.

Foix, typographie et lithographie POMIÈS aîné et Neveu. — 329

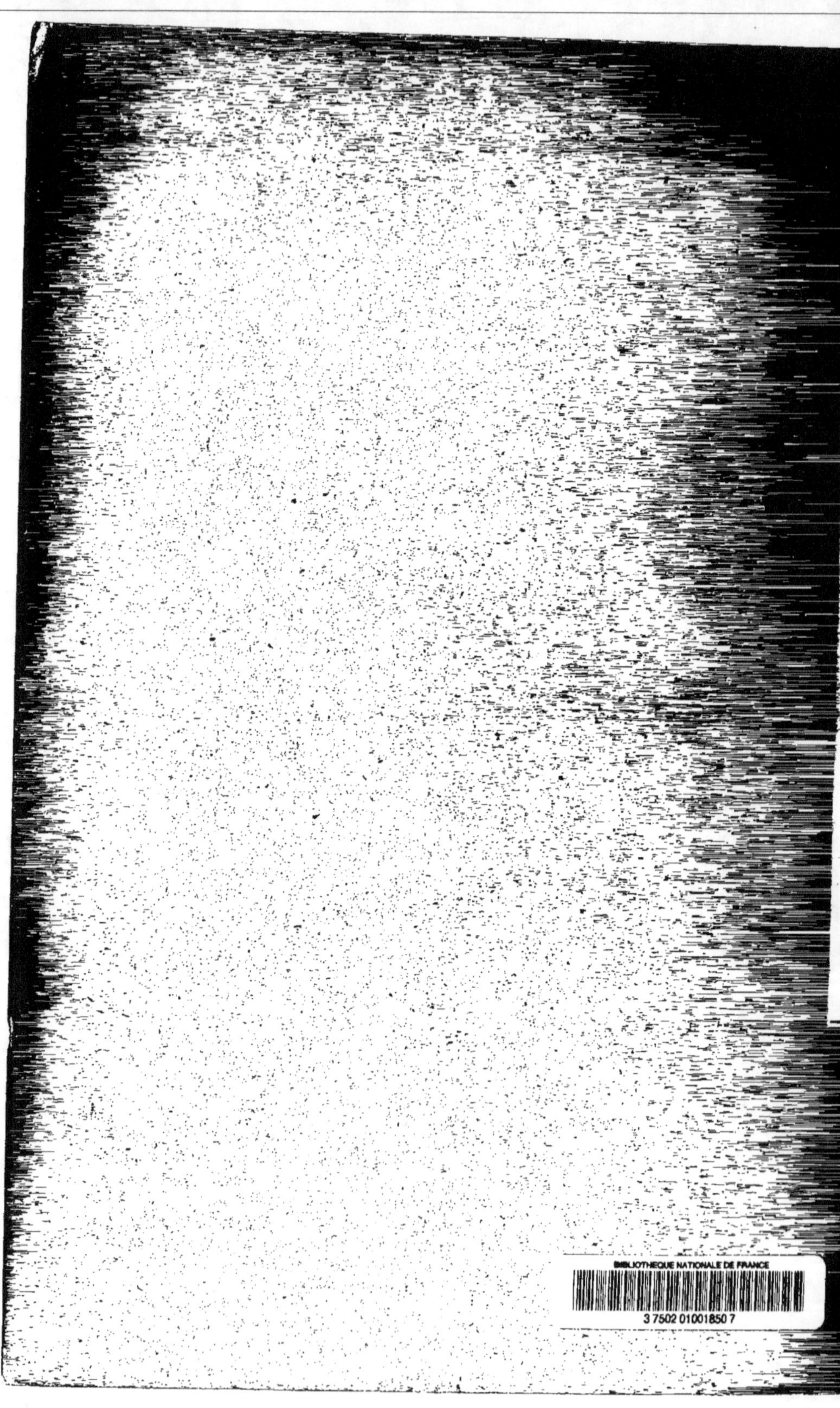

www.ingramcontent.com/pod-product-compliance
Lightning Source LLC
Chambersburg PA
CBHW071425030726
47594CB00006B/2577